浙江省公路工程勘察设计招标文件编制办法

（2012 年版）

浙江省交通运输厅

人民交通出版社

图书在版编目(CIP)数据

浙江省公路工程勘察设计招标文件编制办法：2012年版 / 浙江省交通运输厅编. --北京：人民交通出版社，2012.8

ISBN 978-7-114-10002-4

Ⅰ. ①浙… Ⅱ. ①浙… Ⅲ. ①道路测量－招标－文件－编制－浙江省－2012②道路工程－设计－招标－文件－编制－浙江省－2012 Ⅳ. ①U415.1

中国版本图书馆 CIP 数据核字(2012)第 191422 号

Zhejiangsheng Gonglu Gongcheng Kancha Sheji Zhaobiao Wenjian Bianzhi Banfa

书　　名：浙江省公路工程勘察设计招标文件编制办法（2012 年版）
著 作 者：浙江省交通运输厅
责任编辑：黎小东
出版发行：人民交通出版社
地　　址：（100011）北京市朝阳区安定门外外馆斜街 3 号
网　　址：http://www.ccpress.com.cn
销售电话：（010）59757969，59757973
总 经 销：人民交通出版社发行部
经　　销：各地新华书店
印　　刷：北京市密东印刷有限公司
开　　本：880×1230　1/16
印　　张：14.75
字　　数：305 千
版　　次：2012 年 8 月　第 1 版
印　　次：2012 年 8 月　第 1 次印刷
书　　号：ISBN 978-7-114-10002-4
定　　价：80.00 元

关于印发《浙江省公路工程勘察设计招标文件编制办法》(2012 年版)的通知

浙交〔2012〕205 号

各市交通运输局(委)、义乌市交通运输局:

为进一步完善我省公路工程勘察设计招标投标管理活动,规范公路工程勘察设计招标文件的编制和评标工作,根据交通运输部《公路工程标准勘察设计招标资格预审文件》和《公路工程标准勘察设计招标文件》(2011 年版)的要求,结合我省实际,厅编制了《浙江省公路工程勘察设计招标文件编制办法》(2012 年版),现予印发,请认真贯彻执行。执行中如有问题,请及时向厅建管处反馈。联系人:范芳,电话:0571-87819793。

浙江省交通运输厅

二〇一二年七月二十四日

主题词:公路　勘察　设计　招标　通知

抄送:省公路局、厅质监局,省交通建设行业协会。

浙江省交通运输厅办公室　　2012 年 7 月 24 日印发

《浙江省公路工程勘察设计招标文件编制办法》(2012 年版)

审定委员会

主 任 委 员:	徐纪平	浙江省交通运输厅	副厅长
副主任委员:	耿洛佳	浙江省交通运输厅	纪检组长
	邵　宏	浙江省交通运输厅	处长
委　　　员:	陆耀忠	浙江省交通运输厅	副总工程师
	项柳福	浙江省交通运输厅	副处长
	王月良	浙江省交通运输厅	主任
	卢晓光	浙江省交通运输厅	处长
	汪银华	浙江省公路管理局	副局长
	寿　华	浙江省公路管理局	处长
	陈允法	浙江省交通运输厅质量监督局	副局长
	徐建达	杭州市交通运输局	处长
	钱　荣	宁波市交通运输委员会	处长
	吕庆雷	温州市交通运输局	处长
	赵　梅	绍兴市交通运输局	副处长
	郭园林	嘉兴市交通运输局	处长
	沈建荣	湖州市交通运输局	处长
	张序锁	金华市交通运输局	总工
	陈凌云	衢州市交通运输局	处长
	季宋平	丽水市交通运输局	处长
	伊春芬	台州市交通运输局	处长
	黄曙良	舟山市交通运输委员会	处长

编 写 人 员

主　　　编:龚一朋　胡志辉　范　芳

编　　　委:郑苗东　陈振宇　朱　伟　杜怀德　张松寿　朱国锋

汪会帮　方健红　朱文荣　周　前

顾　　　问:蔡体楞　张治中

前　　言

交通运输部于2010年12月14日以交公路发〔2010〕742号文发布了《公路工程标准勘察设计招标资格预审文件》和《公路工程标准勘察设计招标文件》，并明确自2011年3月1日起施行。根据《公路工程标准勘察设计招标文件》的要求和浙江省公路工程勘察设计招投标工作的实际，在广泛征求意见的基础上，编制了《浙江省公路工程勘察设计招标文件编制办法》(2012年版)(以下简称《编制办法》)。

《编制办法》共分三篇。第一篇为浙江省公路工程勘察设计招标文件编制须知，提出了规范编制招标文件的意见和要求；第二篇为浙江省公路工程勘察设计招标资格预审文件范本，对《公路工程标准勘察设计招标资格预审文件》中有关章、节、条、款、项、目的内容，结合浙江省情况，作了相应的补充、细化和约定；第三篇为浙江省公路工程勘察设计招标文件范本，对《公路工程标准勘察设计招标文件》中有关章、节、条、款、项、目的内容，结合浙江省情况，作了相应的补充、细化和约定，供各项目招标人使用。

《编制办法》是进一步规范浙江省公路工程勘察设计招标工作的指导性文件，招标人或招标代理机构应依据本《编制办法》认真编制公路工程勘察设计招标文件。各使用单位或个人对《编制办法》如有修改意见和建议，请及时反馈浙江省交通运输厅。

浙江省交通运输厅

2012年7月

前　言

总 目 录